Gedankensee

AF285947

Herma Meuer

Gedankensee

Gedankenströme fließen weiter …

Band II

Gedichte
Erzählungen
Aquarelle

Bibliografische Information der Deutschen Bibliothek:
Die Deutsche Bibliothek verzeichnet diese Publikation in der Deutschen Nationalbibliografie; detaillierte bibliografische Daten sind im Internet über http://dnb.ddb.de abrufbar.

© 2008 Herma Meuer
2. Auflage
Herstellung und Verlag: Books on Demand GmbH, Norderstedt
Lektorat: Tamara Pirschalawa
Umschlaggestaltung: Tamara Pirschalawa
Titelbild, Illustrationen: Herma Meuer
Fotos: Isabella Oberle (www.fotobella.de)
ISBN: 978-3-8370-1367-2

Inhalt

Seelenflug

Gedankensee

Gedankensee ...

manche Gedanken
finden nie den Weg
nach oben.
Sie bleiben auf dem
Grund des Wortmeeres
verankert.

Wenn der Wortschlund
die Gedanken loslässt,
sie fließen, schwimmen,
schließlich als WORTGUT
an Land gespült werden,
haben sie immer:

etwas zu sagen.

Träume

Höre niemals auf
zu träumen.
Lasse dich tragen
von einer Wolke,
hinein in den Zauber
der Träume.
In die Unendlichkeit
der Zauberstunde
einer Nacht.

Lasse die Träume
fliegen,
damit sie zurückkommen,
um den behaglichen Ort
in deinem Inneren
wiederzufinden.

Körper

Körper an Körper mit dir.
Deine Hitze spüren,
mich verlieren,
inmitten von Heu und Gras.

Bienen, Käfer schwirren,
meine Sinne sich verwirren.
Schweißtropfen auf deinem
Bauch.

Ich küsse sie weg –
nehme sie in mir auf.
Wir sind so glücklich,
einfach so – ich und du.

Nebelschleier

Nebelschleier, Dunst
legt sich auf mein Gefühl.
Unmerklich, still.
Wehre mich.
Langsam schleichend
kommt es an.
Vernunft macht sich breit
Ist es schon so weit?
Nebelschleier – irgendwann?

Augenblicke

Augenblicke der Heiterkeit,
es gibt sie –
losgelöst von allem
leicht wie eine Feder,
plötzlich sind sie da …

Konzentrierte Gedanken

Zu viel schwirrt in deinem Kopf herum.
Konzentrierst dich auf zu viele Dinge.
Besinne dich auf das Wesentliche –
geht nicht?

Zu lange schon hast du unwesentlichen
Dingen den Vorzug gegeben?
Der Weg scheint versperrt?
Blockaden über Blockaden.

Versuche sie aufzulösen.
Beherzt solltest du es angehen.
Du wirst es schaffen, wenn du mit dir
sanft und liebevoll umgehst.

Ein Lächeln

Ein Lächeln kommt zu dir.
Ganz verstohlen erscheint es.
Manchmal schüchtern und klein.
Lächle, Mann, Frau, lächle,
auch du, lächle, nur zu …

Ein Lächeln, mal ganz entrückt.
Ein Lächeln, total entzückt.
Ein Lächeln, voll Wehmut.
Ein Lächeln, voller Glanz.
Ein Lächeln, erwärmt dein Herz.

Ein Lächeln, selbst im größten Schmerz.
Ein Lächeln am Morgen,
es geht mit dir den ganzen Tag.
Ein Lächeln, wie schön, dass es das gibt.
Ich freue mich, wenn ich es sehe,
lächle zurück und gehe …

Blitzlicht

Blitz und Donner,
Blitzlichter
machen einen Teil
unseres Lebens aus.

Ein plötzlicher „Lichtblitz",
für uns überraschend,
unerwartet, lässt in uns
keine Angst aufkommen.

Inspiration und Vision,
Erkenntnis und Offenbarung
sind nicht fern.

Lass dich auf das Leben ein.
Ohne Angst, ohne Schuldgefühle,
ohne Traurigkeit.

Nur Mut:
heiße die Visionen
in deinem Leben willkommen.

Blitzlichte, Lichtblitze,
auf dem Weg zu dir.

Melancholie

Die heikle
Begegnung
mit mir selbst.

Subtile Gedichte,
gleichsam
gehauchte Verse,

versuchen zum Kern
meines Ichs
vorzudringen.

Leben

Behindertsein

Es ist ein Unterschied,
behindert zu sein
für ein GANZES LEBEN
oder nur mal „EBEN"
ein Zeh gebrochen
oder ein Bein, ein Knie
oder andre Glieder.
Da kann man sagen,
wird schon wieder.

Bewunderung, Respekt
gilt allen Menschen
dieser Welt,
die ihr Leben mit
Behinderung leben.
Nicht nur mal „eben".
Wenn ein Arm fehlt
oder ein Bein, kann man
nicht sagen „wird schon wieder".
Nachwachsen tun keine Glieder.

Der Mensch ist keine Sache,
kein Ding oder Ähnliches,
wenn da gepfuscht wird,
dann ist das schlimmer.
Schäden für immer.

Klar, Ärzte sind auch
nur Menschen …

Was ist das Ziel?

DER MENSCH
DIE MENSCHLICHKEIT
DAS MENSCHSEIN
Ist DAS ZIEL

Zufriedenheit

Zufriedenheit ist ein
großes Stück Glück.
Menschen, die durch
tiefe Täler gingen,
die trotzdem nie
aufhörten zu singen,
die das kleine Glück
nicht übersehen.

Die sich freuen,
wenn sie eine Sprosse,
statt deren zehn,
auf der Leiter
nach oben gehn.
Die Tür des Glückes,
stoßen sie von innen auf.
Zufriedenheit nimmt
ihren Lauf.

Blaue Flecken

Blaue Flecken
auf der Seele.
Blaue Flecken
zuhauf,
hellen sie sich
wieder auf?

Lebensspuren

Faltenspuren auf
dem Körper
sind Narben eines
gelebten Lebens.

Spuren auf dem
vernarbten Herzen
bedeuten, dass man
geliebt hat.

Gebeugter Mensch

Immer näher beugt er sich
der Erde zu.
Atmet Verfall, Vergehen …
Frieden, Ruhe.

Jung an Jahren,
war der Himmel näher ihm.
Doch jetzt das Leben
Hat ihn gebeugt, nicht nur
durch Leid und Erfahrung.

Auch durch Verbeugung,
Demut und Dankbarkeit
senkt sich sein Haupt
der Erde zu.

Wohl wissend, dass die Erde
immer wieder neues Leben
hervorbringt.

Ein Mensch ...

Ein Mensch,
ein Clown.
Er steht im
Rampenlicht,
macht seine Späße.
Sein Herz,
man sieht es nicht.
Ein Mensch,
wie du, wie ich,

ein Clown …

Höre auf ...

Höre auf, etwas sein zu wollen,
das du nicht bist.
Du kannst etwas gewinnen:
das Leben und die Echtheit.

Gib dich, wie du bist,
dann kannst du etwas
verlieren, was überflüssig ist:
die Angst.

Das Leben

Das Leben gleicht einer Geburt.
Man muss den Schmerz fühlen,
ihn annehmen, hecheln und
auf die nächste Wehe warten.

Hat man den Schmerz gefühlt,
kann man ihn loslassen,
in Erwartung auf das,
was da kommt.

Realität	–	Träumerei
Allein	–	Zu Zweien
Nehmen	–	Geben
Weinen	–	Lachen
Lüge	–	Wahrheit
Essig	–	Wein
Misstrauen	–	Vertrauen
Hiebe	–	Liebe
Dunkel	–	Licht

Ein angepasstes Kind,

das war ich nicht.
Mit mir war nicht zu spaßen.
Weh war mir oft,
ich hatte gehofft,
man würde mich so lassen.

An meinen Ecken und Kanten,
daran versuchte man zu feilen.
Ich ließ mich nicht
verschleifen und verbiegen.
Man ließ mich …
links liegen.

Trotzdem ein Clown
verlorener Kinderjahre.
Gerade … oder deswegen.
Gerade?
Ich konnte verblüffen,
auch in der Jugend
unendlicher Zeit.

Neugierde ist es, die mich treibt.
Auch heute noch.

Ich bin das „Kind" geblieben.
Ich lasse mich nicht verbiegen.

Mara und Saskia

Mara sitzt gerade bei Oma Marianne im Wohnwagen. Saskia ist draußen und spielt im Schnee.

Es ist eisig kalt. Oma Marianne und Opa Fredi sind wie jeden Winter in Walchsee. Sie haben einen Campingplatz gemietet. Das Wohnmobil steht das ganze Jahr über auf dem Platz. Es sei denn, sie sind irgendwo in Europa unterwegs. Doch im Winter sind Marianne und Fredi, die ja nun schon in Rente sind, auf dem Campingplatz. Von München aus sind die beiden in circa einer Stunde in Walchsee. Gleich einen Tag nach Heiligabend geht's los. Wochenlang sind die zwei dann in dem kleinen Ferienort am Fuße des „zahmen Kaisers" in Tirol. Diesmal haben sie ihre beiden Enkeltöchter mitgenommen.
Mara und Saskia freuen sich riesig, wenn sie bei Omi und Opi sein dürfen. So auch diesmal. Mara ist acht Jahre alt. Saskia zwei Jahre älter. Doch Mara ist diejenige, die alle auf Trab hält. Im Moment ist sie dabei, Omas Gebäckdose in Beschlag zu nehmen.

Oma und Opa haben Besuch aus Hessen. Sie ist neugierig, was der so zu erzählen hat. Prüfend schaut sie uns an. „Gibt's bei euch auch Berge und habt ihr auch so viel Schnee?"
Vor der Tür zum Campingwagen schreit Saskia: „Mara, kommst jetzt raus oder soll i di holn? Dann wirst aber gewaschen."
„Ich mag nicht", erwidert Mara.
„Mensch, komm jetzt raus, hier ist der Alexander."

Mara schaut kurz hoch. „I mag immer noch net."

„Ja dann komm halt raus und sag's ihm selber." Eine Weile ist Funkstille. Dann schaut Mara verschmitzt in die Runde und ruft ihrer zehnjährigen Schwester zu: „Weißt was, Saskia, sag ihm, i bin grad Semmeln holn!"

Vergangenheit

Vergangenheit streift uns
wie ein Schleier,
legt sich über uns,
streckt ihre Spürfühler aus,
will uns fühlen, rühren,
sagt uns:
Ich begleite dich.

Doch Vergangenheit
ist vergangen.
Im „Jetzt" und „Hier"
wir leben, spüren.
Doch auch diese Spur
wird sich verlieren –
in der Vergangenheit ...

In Erinnerung
an Loana

Langsamkeit ...

Erfahre die Langsamkeit
des SEINS.
Es lebt sich gut,
ohne eilen zu müssen.

Noch ohne Gebrechen
des Alters.
Aber immer öfter
den Blick ins Leere.

Stülpe das Äußere
nach innen,
wie ein Säugling,

ein wissend Lächeln
auf dem Gesicht.
Zufrieden mit dir
und dem Lebensdasein.

Inspiriert durch den
Säugling

LOANA

Liebe

Der Meine

Er ist es, der mich
begleitet Tag und Nacht.
Der wacht, dass nichts mich
aus den Fugen bringt.
Der seit Jahrzehnten darum
ringt, die Oberhand zu
behalten.
Ich lasse ihn daran glauben.
Es fällt mir nicht schwer.
Er tut nur das, was mir gefällt.

Doch ganz so ist es nicht,
wenn sich's auch widerspricht.
Ich hab so meine Zweifel.

Die Körper schon verändert
Die Sinne noch geschärft.
Die Sehnsucht bleibt.

Für den „Meinen",
den „Einen".
Für die „Seine",
                           die „Eine".

DU   und   ICH

    ICH   und   DU

        DU   bist   ICH

            ICH   bin   DU

Bunte Herzen

ein blaues   Herz,
ein buntes   Herz,
ein rotes   Herz,
ein gelbes   Herz,
ein grünes   Herz.

Niemals kommt es
auf die Verpackung an,
wie etwas aussieht
oder ob es bunt ist,
sondern wie etwas ist.

Liebe

Werde zum Gärtner,
umgib dich mit Schönheit,
den Knospen und Blüten
deiner Gedanken.
Hege und pflege sie,
lass sie blühen.
Es ist so viel Liebe
in Hülle und Fülle
vorhanden,
nimm sie auf.

Gegenwart wohnt in jedem
Samenkorn.
Auch wir sind von dieser
Gegenwart erfüllt.
Wie Luft, unsichtbar – und doch
Bestandteil unseres Lebens.
Spüre die Gegenwart,
die pulsiert – lebendig
und voller Energie.

Flächenbrand der Liebe

Flächenbrand
der Liebe,
Hektoliter Wasser
können diesen Brand
nicht löschen.
Man lässt ihn schwelen,
diesen Traum –
                    für ewig.

Gezeiten

Spinne

Spinne im Abendtau,
von Gräsern umspielt,
das Spinnennetzgebilde.

Das Abendrot lässt
leuchten und erstrahlen,
filigran und zart,
den feinen Spinnenfaden.

Der bunte Blättertanz,
von leichten Winden
inszeniert,
hat sehr schnell das
Spinnennetz zerstört.

Drum zieht die Spinne,
tagein, tagaus,
weiter ihre Fäden
an ihrem Spinnenhaus.

Immer wieder gibt es viel
zu tun, nicht nur heute.
Wichtig für sie ist vor allem:
Die Beute.

Fazit:
Doch auch sie, die Spinnerin,
der Spinner oder die Spinner,
können zur Beute werden …
wie auch immer.

Noch ist Sommer

Noch ist Sommer,
Rosenduft bestäubt
mein Gedankeninferno.
Die Siebzig naht,
das Alter schleicht
sich an.

Nicht weit davon
hör ich die Blätter
fallen,
die Rose blüht
dafür umso mehr,
noch ist Sommer …

Das Altern gleicht
ein wenig einer Rose,
die, wenn der Rost
die Blätter fallen lässt,
sie trotzdem schön
erscheinen lässt.

Die Rosenblüte
wird vergehen,
der Wind wird ihren
Duft verwehen.
Was bleibt,
ist die Erinnerung daran.

Herbst

Zeit der Veränderung.
Der Sommer ist zu Ende.
Eine außergewöhnliche
Verwandlung findet statt.

Neue Perspektiven
erwarten uns.
Alle Dinge entwickeln sich.
Alles braucht seine Zeit.

Wie bei einer Raupe,
die kurz davor ist,
sich zu verpuppen.
Die schillernden Farben
des Schmetterlings …

… sie kehren wieder.

Septemberwolken

Schwarzgraue Wolken
fliehen vor dem Sturm.
Die Fantasie entdeckt
Wolkenmänner …
Verfolgt von tanzenden
Wolkenfrauen …

Die eintauchen
in vorbeiziehende
Wolkenbetten …
Und wirbelnd davonfliegen,
zu einem kleinen Stück
azurblauen Himmel.

Glutroter Novemberabend

Glutroter Novemberabend.
Farbentanz der Sonne,
mystischer Zauber,
Farbenspiel zwischen
Himmel und Erde.

Strandcafé

Ich sitze am See und pflege
meinen Zeh,
bei Cappuccino, Apfelstrudel,
im Hintergrund Alpenmusik-
Gedudel.
Ansonsten Ruhe überm See.
Alles prima, nur kein Schnee.
Sonne pur, Berge majestätisch,
beeindruckt schaue ich hin:

Wie winzig ich doch bin.

Winterdepression

Licht   –   fehlt

Wärme   –   fehlt

Farbe   –   fehlt

Fühle mich fehl am Platz

Das Wasser

Wohin es fließt, bringt es Leben.
Es ist ausdauernd, niemals verliert
das Wasser die Richtung zu seinem
Ziel, dem Meer.
Wir Menschen können dem Wasser
Schaden zufügen,
wenn wir es verunreinigen.

Doch es hat die Kraft, sich immer
wieder zu erneuern.
Felsen, die sich ihm im Stromlauf
entgegenstellen, umfließt es.
Es ist mutig und stürzt sich in die Tiefe.
Um dann ruhig dahinzufließen,
zielstrebig zu neuen Ufern.

Lassen wir uns vom Wasser
zum Guten beeinflussen.
Doch wehe, wenn der Mensch
in den Kreislauf der Ströme eingreift.
Gar heftig kann das Wasser zuschlagen.
Vorbei die Güte und Freigebigkeit.

Das Wasser, es hat so viele Namen.
Und doch klingt es in vielen Ländern
auf unsrer Erde ähnlich.

Wasser, Waasser, Water,
Voda, Woda ...

Von Norderney nach Norddeich

Die Nordseesonne spiegelt sich
im Wasser …
Wie Perlmutt scheinen und tanzen
die kleinen Kräuselwellen.
Erkenne glitzernde
Sonnenweihnachtsbäume,
Lichterkranztropfenwunderkerzen,
wie Kinder der Sonne
spiegeln sie sich in der Weite und der
Stille des Wassers …

Die Gezeiten

Ebbe und Flut.
Die Gezeiten
sind das Ein-
und Ausatmen
der Meere auf
dieser Welt.

Der Wasserhahn

Er kräht nicht auf dem Mist.
Er macht plipp, plipp,
wenn man einmal vergisst,
ihm den Kragen zuzudrehen.
Dann tropft er vor sich hin
und hört nicht auf zu krähen.

Der Hühnerhahn weckt
früh uns am Morgen.
Der Wasserhahn weckt
spät uns in der Nacht.
Da fällt es ihm ein zu tropfen.
Plipp, plipp, klipp, klipp,
das ist sein Tropfenklopfen.

Nur eine Dichtung ist es,
die ihm fehlt.
Manch Hausfrau singt
davon ein Lied.
Der Hausmann,
wenn er denn kann dichten,
kommt nach nun seinen Pflichten.

Doch meist ist diese Arbeit
dem Manne viel zu schwer.
Er holt ins Haus sich
einen Dichtungsinstallateur.
Gedichtet hat er schnell und auch präzise.

Nicht jeder hat die Gabe
dieser Dichtkunst,
das Verdichten.
Vielschichtig ist des Dichters Kunst.
Doch manchmal wird die Dichtung
auch verhunzt.

Erzählungen

Gärtner aus Leidenschaft

Mein Mann pflanzt, sät und pflanzt, pflanzt und sät. Wenn es so weitergeht, benutzt er noch unsre Wohnung als Pflanz- und Saatfläche. Ja, ehrlich, ich warte nur darauf, dass ich morgens einmal aufwache, zum Frühstücken in die untere Etage gehe und – wow – ich schreite über grünes Gras, durch ein Blumenmeer. Vor allem durch Beete mit Gemüse, na, und Kräutern. Natürlich gehören in einen Gemüsegarten Kräuter.
Ich wache auf. Gott sei Dank, alles nur geträumt. Ich höre meinen Liebsten rufen.
Schnell werfe ich meinen Morgenmantel über und eile ihm entgegen. Da steht er nun, mit einem Riesenstrauß im Arm.
„Nein", denke ich, „nicht schon wieder."
Ich weiß, was Sie nun von mir denken: „Undankbares Geschöpf, soll doch froh sein, schon am frühen Morgen von ihrem Mann mit einem Riesenstrauß empfangen zu werden."
Ich kann dieses Grünzeug nicht mehr sehen. Nee, ich kann es einfach nicht mehr sehen.
Es gibt soooo viele Frauen, die würden sich riesig darüber freuen, über so einen Strauß. Im Sommer fast täglich.
Ich weiß das, klar weiß ich das. Aber ich freue mich nicht!!
ICH NICHT! BASTA!
Sie werden es gleich verstehen, oder auch nicht, warum die Freude sich in Grenzen hält.
„Hallo mein Schaaahatz", flötet es mir entgegen. „Jaahaa!", flöte ich zurück und klatsche vor Freude in die Hände.

„Bist du noch zu retten?", sagt meine innere Stimme. „Ich denke, es stinkt dir, wenn er wieder einmal mit so einem herrlichen Strauß ankommt! Nun mach aber mal los, und bringe ihm bei, dass es dir jetzt reicht, mit diesen – ach so wundervollen – Sträußen, die er ständig anbringt."

„Guten Morgen mein Liebelein! Hier bin ich!", höre ich mich säuseln.

Kein Mensch würde hinter diesem „Liebelein" einen „Zweimetereinsmann" vermuten. Versteckt hinter diesem Riesenstrauß ist er kaum auszumachen. „O nein, was geht in diesem „Zweimetereinsmann" nur vor?" Ach, ich gebe es vorerst auf, mich aufzuregen. Bei näherem Hinschauen sehe ich, dass es diesmal keine Buntnesseln sind. Doch, um Himmels willen, was kommt mir denn da für ein Geruch entgegen? Den kenne ich nur zu gut. Da steht er nun, mein Gärtner aus Leidenschaft, und wartet darauf, dass ich einen Jubelschrei nach dem anderen aus der Tiefe meiner Kehle erklingen lasse. Doch diese Jubelschreie bleiben mir im Halse stecken.

Dieser Geruch? Während ich langsam auf ihn zugehe, wird der Geruch immer stärker. Jetzt macht es Klick in meinem strapazierten Kleinhirn. Ja, das is es. Mein Knubbelbärchen! OK, Sie haben Recht, er ist einmalig, er hat für mich wieder den schönsten, üppigsten, dicksten und grünsten Riesenstrauß im Arm. Ich sollte mich freuen.

Ein Strauß, der schöne kleine Blütchen hat, einen Duft verströmt, der mich sehr an meine Kindheit erinnert.

„Tja das is es, dieser Duft ... Ich hab's: Maggi-duft!" Früher stand in fast jedem Haushalt eine Maggiflasche auf dem Esstisch. Alles wurde damit gewürzt. Nun sagen Sie bloß nicht, dass Sie dieses Wunderwürzmittel nicht kennen? Ich erinnere mich daran, dass sogar mein „Sanellaschulbrot" mit Maggi gewürzt wurde. Wir Nachkriegskinder betrieben damit einen großen Tauschhandel. Die einheimischen Dorfkinder freuten sich riesig darauf, ihr Wurstfettbrot oder Schmalzbrot gegen ein „Sanellamaggischulbrot" einzutauschen.

Ja, und das, wohinter mein Knubbelbärchen versucht, sich zu verstecken, ist ein „Riesenbohnenmaggi-Gewürzstrauß". Super, gell?

Sag ich doch! Wer bitte schön bekam schon mal so einen Strauß?

Ich greife mir die nächstbeste Vase, aber sie ist zu klein, wie alle anderen. Auch da hab ich so meine Strategie entwickelt. Mein Bärchen ist fröhlich und frohen Mutes wieder nach draußen marschiert, ganz sicher, um mich mit Neuem zu überraschen. Ich rufe ihm zu, er möge mir doch den Plastikkübel, den die Maurer bei ihrer letzten Maurertätigkeit hier gelassen haben, mitzubringen. Ohne viel zu fragen, für was ich diesen Kübel brauche, stellt er mir dieses Monster in die Diele. Wasser rein und hinein mit diesem Raritätenstrauß! So, geschafft!

Es klingelt an der Haustür.

O Gott, ich habe Ingelo vergessen. Die fehlt mir jetzt noch. Meine beste, allerbeste Freundin. Die noch verrückter ist als mein Knubbelbärchen.

Ich gehe an das Haustelefon und öffne, ohne groß zu fragen, wer da rein will. Wo bleibt sie denn? Na, sie wird schon kommen.

„Hallöööchen", höre ich eine Stimme.

„Na endlich, Ingelo, wo bleibst du denn?" Wer ist das denn? Sieht aus wie ein Astronaut. Nein, eher wie ein Imker.

„Bitte, was wollen Sie denn hier, wie kommen Sie denn hier rein?"

„Na, is aber 'ne blöde Frage, die du da stellst. Durch die Tür natürlich!"

„Ingelore?!"

„Ja, hast du jemand anderen erwartet?"

„Nööö, das heißt, ich habe geglaubt, mein Blumenkavalier kommt von seinem Ausflug aus dem Blumen- und Gemüsegarten zurück", sage ich.

Ich verschwinde in der Küche, gefolgt von Ingelo. Ingelore! Ich habe sie umgetauft. Jawohl, ich konnte diesen wohlklingenden Namen einfach nicht mehr hören. Na ja, Ingelo is auch nicht besser. Aber wir verstehen uns prima. Sie ist eine ungewöhnliche Frau, mit einem gewöhnlichen Namen. Also, manchmal sagen Namen schon viel über die Trägerin aus. Bei Ingelo, Pardon, ich meine natürlich Ingelore, ist das nicht der Fall. Ingelo muss man erleben. Hallo, wo ist sie jetzt eigentlich hin?

„Na, wird schon wieder auftauchen", denke ich.

Jetzt muss ich aber mal nach meinem Knubbelbärchen schauen. Ich gehe in den Garten, wo sonst sollte er sich aufhalten. Ich rufe nach ihm. Keine Antwort. Na, ist auch nichts Ungewöhnliches. Wenn mein Bärchen im Garten rumturnt, dort so seinen Gemüse- und Blatt-spinattango einübt, ich meine natürlich einsät, dann ist er nicht zu retten.

Wie ich das hasse! Na, lassen wir das.

Aber irgendwo muss er doch rumtanzen.

Ist doch eigenartig, beide sind wie vom Erdboden verschwunden. Ich will gerade in die hinterste Ecke des Gartens einbiegen, da höre ich ein Geräusch. Ich höre es grunzen und stöhnen. Mein Gott, wenn ich nicht wüsste, dass ich mich in meinem eigenen Garten befinde, würde ich annehmen, ich sei in einem Schweinestall, und die Sau sei am Ferkel kriegen.

Dem ist aber nicht so. Es bietet sich mir ein groteskes Bild …

Ingelo, ja es ist Ingelo, beugt sich über eine Wassertonne, die wir am Ende des Gartens aufgestellt haben.

Wenn ich es richtig deute, ist sie mit ihrem gesamten Oberkörper in der Tonne drin. Sie versucht, sich aus dieser Klemme zu befreien. Es gelingt ihr nicht, sie hat immer noch diesen Imkeranzug an. Zum Teufel noch einmal, was hat sie bloß dazu gebracht sich in die „Tiefe" dieser Tonne zu stürzen? Während ich noch am Sinnieren bin, sehe ich mein Knubbelbärchen im Tatzenbärenschritt, jawohl, kaum zu glauben, aber es ist so, auf die Tonne zurasen. Ich lasse das Geschehen wie im Zeitlupentempo auf mich wirken. Was lässt meinen „Zweimetereinsmann" so schnell werden?

Er springt zur Tonne, reißt sie um und rollt mit der kostbaren Fracht, sprich Ingelo, querbeet zu unsrer Terrasse. Jetzt erst erkenne ich den Ernst der Lage. Hoffentlich war kein Wasser mehr in dieser Tonne. Oder wenigstens nur so viel, dass sie nicht ertrinken konnte! In den letzten Wochen hatte es kaum geregnet. Ich beginne jetzt hinterherzulaufen. „Was ist passiert?", höre ich mich rufen. „Soll ich einen Arzt holen?"

Da höre ich ein Prusten und Rumoren in der Tonne. „Na, sie lebt noch."

In der Zwischenzeit hat mein Liebelein ein Riesenbrecheisen aus seinem Werkzeugschuppen geholt. „Liebe Güte, was willst du denn damit?"

„Wirste gleich sehn!"

„Was soll das denn?", höre ich mich fragen. „Ingelo? Kannste mich hören?" Sie brabbelt was vor sich hin, das ich nicht verstehen kann. Zappelt mit beiden Beinen. Wieso kann sie sich nicht verständlich machen? Hach, da kommt ja mein Zweimetereinsmann, beide Hände mit Werkzeug beladen. Na endlich!

„Halte mal die Tonne fest. Am besten, du setzt dich drauf", meint er zu mir gebeugt. Ich stelle mich über den Kopf von Ingelo. „OK", denke ich, „muss demnach richtig sein. Wenn sie unten mit den Beinen rumzappelt, wird am anderen Ende wohl der Kopf sein."

Er fängt an, mit beiden Händen, die jeweils ein Brecheisen hielten, die Tonne zu weiten. Auseinanderzuziehen. Ich streichele inzwischen Ingelos Beine, das heißt, ich versuche es. Was gar nicht so einfach ist. Sie zappelt mit ihren „Imkerhosenbeinen" wie eine wild gewordene, mutierte Riesenmonsterbiene.

Sie rumort, fuchtelt, ab und zu entführt ihr ein bollerndes Geräusch. Also, ich muss schon sagen, kann ich gut verstehen. Ich würde mir vor Angst in die Hosen machen, wenn ich wüsste, dass mein Liebelein mit solch riesigen Brechstangen am Werk ist!

O mein Gott! Hoffentlich rutscht mein Zweimetereinsmann nicht aus. Es wäre sicherlich tödlich für Ingelo.

„Hallo mein Bärchen, so geht das nicht." „Wie, wo, was geht so nicht?"

„Du musst die Tonne da auseinanderziehen, wo der Kopf steckt", rufe ich ihm zu.

„Gut, lass mich nach unten, wo die Beine rauszappeln, und du gehst nach oben." Gesagt, getan. Mein Zweimetereinsmann will grade damit loslegen, links und rechts von der Tonne den Bodenrand abzuklopfen, als ein lauter Knall die Regentonne erschüttert! Der Bodendeckel fliegt weg und eine Sektfontäne ergießt sich über das Gesicht meines Liebeleins. Damit nicht genug, ein Korken, der ihn am Kopf trifft, lässt diesen ach so starken Mann zu Boden sinken.

Doch was ist mit Ingelo? Mein Gott, lass sie wohlbehalten aus der Tonne steigen, wie Phönix aus der Asche. Dies tut sie dann auch. Mit ramponiertem Imkerhut, links und rechts in der Hand je eine Champagnerflasche. Bei beiden ist der Korken entfernt. Diese hatten sich durch die Erschütterung selbst gelöst. Doch wie kam Ingelo in die Tonne? Sie hatte beim letzten Gartenfest just in dieser Tonne die zwei Flaschen versteckt, als eiserne Reserve. Heute sollten sie geköpft werden, deshalb war sie gekommen. Sie hatte in die Tonne geschaut, war mit dem Oberkörper immer tiefer hinein gegangen. Die Flaschen konnte sie grade am Hals packen. Bei dieser Aktion drückte sie ihren Imkerhut immer fester an beiden Seiten an. Dabei hatte er sich verhakt.

Sie hatte versucht, sich mit aller Kraft nach oben zu hangeln. Dabei störten aber die beiden Champusflaschen. Sie hätte sie loslassen müssen, was sie auf keinen Fall wollte. Nun, sie hat es geschafft, die Flaschen sind noch beinahe voll von dem köstlichen Gesöff, wie sie sich auszudrücken pflegt.

Aber wo ist mein Zweimetereinsmann? Der sich so viel Mühe mit seiner Rettungsaktion gemacht hat? Wo kann er nur sein?

Er leckt seine Wunde. Der Korken hat ihm ein blaues Auge verpasst. Mein Liebelein verzieht sich daraufhin, na, wohin schon? In eines seiner Kräuterbeete.

Aber damit ist der Fall noch nicht erledigt. Ingelo sagt: „Hol diesen Mann aus seiner Grünoase raus. Es gibt heute was Tolles zu feiern, und dazu hat dein Liebelein einen Großteil beigetragen!"

„Nein", denke ich, „da bin ich aber mal gespannt."

„Mein Chef wird platt sein, wenn ich ihm erzähle, was heute passiert ist. Das gibt einen riesigen Werbespot. Wir sollen für eine Champagnerfirma einen Spot herausbringen. Mir fiel aber partout so schnell nichts ein. Ich sitze schon eine Weile auf diesem Ei und brüte, aber ohne Erfolg", erklärt mir Ingelo.

„Hat dein Imkeranzug auch etwas damit zu tun?", werfe ich ein.

„Na klar!", antwortet Ingelo.

„Ursprünglich sollten die Bienen und der Sekt, ich meine natürlich der Champus, die Hauptrollen spielen. Und der Maggistrauch!" „Wie bitte?", höre ich mich fragen.

„Ja, dein Schätzelken hatte die geniale Idee, diesen Werbespot in eurem Garten zu drehen. Ich sollte mir dafür einen Imkeranzug besorgen, damit ja nichts passieren kann – von wegen Bienenstich und so. Der Maggistrauch hat kleine Blütchen, die Bienen fliegen diese gerne an, um daraus ihren Nektar zu schlürfen."

„Liebe Ingelo, wer sollen denn nun die Hauptakteure sein?"

„Dreimal darfst du raten, mein Schätzelken." Wenn Ingelo „mein Schätzelken" sagte, kam ihre kölsche Frohnatur total zum Vorschein. Da wusste man sofort: „Aha, dat is en äscht kölsche Määdsche!"

Ingelo und ich sind seit ewigen Zeiten befreundet. Wir lernten uns beim Karneval kennen. In Köln, wo sonst.

Auch mein Zweimetereinsmann war zu dieser Zeit in Köln. Das Schicksal nahm seinen Lauf. Was glauben Sie, was für ein Karnevalskostüm er anhatte? Richtig, er war der Gärtner aus Leidenschaft. Er hatte auch damals schon einen ganzen Korb mit dem duftenden Maggigewürzstrauß dabei. Sie werden jetzt denken: „Na, und das mitten im Winter?" Getrocknet! Jawohl, einen riesigen Trockenstrauß, den er auf dem Kopf balancierte. Das hat mich damals ungeheuer beeindruckt.

Ingelo und ich gehen in den Kräutergarten zu meinem Liebelein. Sie stürzt sofort auf ihn zu, hüpft an ihm hoch wie ein Klammeräffchen.

Dieses kleine zierliche Persönchen, grade mal 155 cm klein. Es ist aber auch zu komisch, was sich da abspielt. Sie hüpft wieder runter, baut sich vor ihm auf, stupst ihn auf die Brust, dabei muss sie sich auf die Zehenspitzen stellen, und schreit immerzu: „Ich werd verrückt, du und dein Schätzelken, ihr seid meine beiden Akteure! Genau das, was mir heute mit der großen Regentonne passiert ist, werden wir genau so fürs Fernsehen spielen!"
Sie schaut dabei triumphierend in die Runde.
„Vor allem dein Gärtner aus Leidenschaft wird dich, meine Liebe, wenn du in der Tonne steckst, mit den Brecheisen versuchen zu befreien. Na, ist das nix?"
Sie schaut mich lachend an und zwinkert mir zu.
„Ich pfeife auf dein Angebot! Da mache ich nicht mit, such dir andere Versuchskaninchen. Wir sind auch glücklich ohne deinen Champus und deinen Fernsehspot."
„Dacht ich's mir doch", erwidert Ingelo. „Du bist wirklich zu beneiden mit deinem Schätzelken.
„Was würde ich mich freuen, wenn ich von so einem Mannsbild solch herrlichen Maggigewürzstrauß bekommen würde!"

Is nich, liebe Ingelo, er pflanzt und sät nur für mich!

MEIN GÄRTNER AUS LEIDENSCHAFT

Einladung zum Abendessen

Ich wippe mit dem rechten Fuß und starre zum Fenster hinaus. Mein Gegenüber sieht an mir vorbei. Sprachlosigkeit macht sich breit.
„Soll ich aufstehen und gehen? Ihn einfach sitzen lassen?", denke ich.
Die Suppe wird serviert. Schweigend löffeln wir sie.
Ich frage: „Was für 'ne Suppe hast du? Ist sie gut?"
„Na Suppe eben."
Tolle Antwort, Suppe eben!
Traurig esse ich weiter. Warum, warum nur können wir nicht mehr miteinander reden?
Am Nebentisch sitzen einige ältere Damen und Herren. Ich schätze, sie sind schon hoch in den Siebzigern. Wie ich mitbekommen habe, feiert einer der Herren einen runden Geburtstag. Vielleicht schon den achtzigsten?
Süß, wie die ältere Dame zu mir rüber schaut, mir zuzwinkert. Na, denn man Prost! Die vier stoßen an.
„Genießen wir diesen schönen Abend!", höre ich sie reden. „Es könnte der letzte sein. Man weiß nie in unserem Alter."
Wehmütig schaue ich meinen Mann an. Wie lange sind wir nun verheiratet? Zwanzig Jahre? Klar, die Silberhochzeit rückt immer näher. Doch er sitzt mir gegenüber, als wäre er ein Fremder.
Bei den heiteren Senioren am Nebentisch geht es lustig zu. So viel Lebensfreude weht zu uns herüber. Ich bin richtig neidisch auf diese grauen Panther.

Uns wird der Hauptgang serviert. Scholle Finkenwerder Art. Dazu einen Weißwein. Ich hebe das Glas, um mit meinem Gegenüber anzustoßen.

„Auf uns", sage ich, „dass wir, wenn wir mal so alt sind wie unsere Tischnachbarn, genauso heiter und voller Lebensfreude sind."

Ich nippe an meinem Weinglas und spüre diesen spritzigen Sommerwein die Kehle hinunter fließen. Genuss pur!

Was macht mein Gegenüber? Sie werden es nicht glauben. Er trinkt ein Glas Wasser. Ist ja nichts dagegen zu sagen. Doch WIE er das macht. Blickt nicht einmal zu mir rüber. Starrt auf seinen Teller und muffelt weiter.

Ich schaue sehnsüchtig zu unseren lustigen Tischnachbarn hinüber. Sie sind schon beim Dessert angekommen. Herrlich, wie sie sich des Lebens freuen.

Die kleine reizende Dame nimmt ihr Glas in die Hand und prostet mir zum zweiten Male zu.

„Ihr Mann scheint nicht sehr genussfreudig zu sein, sonst würde er so einen guten Wein nicht verschmähen", sagt sie. Die beiden Herren stecken die Köpfe zusammen, schauen kurz in die Runde zu ihren Frauen.

Der weißhaarige ältere der beiden Herren lächelt zu uns rüber und sagt: „Nicht nur der Wein ist ein Genuss, sondern auch so nette und bezaubernde Frauen, wie wir sie an unserer Seite haben. Finden Sie nicht auch, junger Mann?"

„O mein Gott!", denke ich. „Er spricht meinen Mann an." Mir wird ganz unwohl. Was wird er antworten? Erfahrungsgemäß – nichts!

Ich spüre die Blicke der lustigen Senioren, die zu uns herüber schauen. Mir ist, als ob sie mich mitleidig mustern, aber auch, dass sie mich ermutigen, an dieser geselligen Runde teilzunehmen. Ich erhebe mein Glas und proste ihnen zu.

Mir fällt auch ein Paar auf, das alleine an einem Tisch sitzt.

Ich vertreibe mir die Zeit damit, mich ein wenig umzuschauen, während mein Gegenüber stillschweigend isst und dabei nicht einmal über den Tellerrand schaut.

Es wird der Nachtisch serviert. Eis mit heißen Himbeeren. Köstlich! Beim Dessert taut mein schweigendes Gegenüber etwas auf. „Mhm, Mhm. Schmeckt es dir auch?", höre ich zum ersten Male heute Abend. „Wunderbar, es ist alles wunderbar. Dieses schöne Ambiente, die netten Menschen. Nur du könntest ein bisschen gesprächiger sein", denke ich. „Sprich es lieber nicht aus, lass es in deinem „Gedankensee" schwimmen!"

Ich schaue in die Richtung, in der das einzelne Paar sitzt. Schön, wie sie sich anschauen, sich gegenseitig einen Happen vom Teller stibitzen und sich diebisch freuen. Lustig sind sie. Immer wieder prosten sie sich zu und haben anscheinend eine Menge zu erzählen.

Die Frau ist mit dem Essen fertig. Sie erhebt sich und geht zu einem Nebentisch. Sie scheint die Leute dort zu kennen. Die Frau winkt ihrem Mann zu.

„Bin gleich wieder bei dir, mein Schatz."

Ich wende mich wieder meinem Mann zu, nehme einen Schluck von dem Wein.

Da! Plötzlich ein lauter Knall, am Tisch des einzelnen Paares. Wo ist der Herr? Er liegt auf dem Boden. Ein anwesender Arzt ist gleich zur Stelle. Die Frau des Mannes, die den ganzen Abend mit ihm geschäkert hatte, springt zu ihm. Sie ist entsetzt, Hilfe suchend schaut sie umher. Mein Gott, Sekunden können über Leben und Tod entscheiden. Kann das denn ein Kopf aushalten? Dieser Knall! Dieses Geräusch wird mich noch eine Weile beschäftigen.

Bis die Ambulanz kommt, vergeht eine Ewigkeit, wie mir scheint.

Ich sehe diese beiden Menschen vor mir, wie sie den ganzen Abend liebevoll miteinander umgegangen sind, sich ihres Lebens freuten. Von einer Sekunde zur anderen ist alles anders.

In der Runde ist es still geworden. Doch nach einer Weile beginnen wieder die Gespräche. Man hat sich von diesem Schrecken erholt. Ich schaue mein Gegenüber an. Was geht in ihm vor?

Am Nebentisch bestellen die grauen Panther Friesengeist. Die weißhaarige Dame steckt sich ein Zigarillo an und zwinkert mir wieder zu. Einer der alten Herren greift nach dem Tablett, welches der Ober gebracht hat. Dieser wehrt sich vehement, möchte nicht zulassen, dass dieser rüstige Herr das Tablett selbst aufnimmt. Was der alte Mann vor?

Vorsichtig verteilt er die Schnäpse an die anderen. Dann kommt er zu uns an den Tisch.

„Wir würden uns freuen, wenn Sie und Ihre Frau mit uns einen Klaren trinken würden.“

„O, gerne!“, höre ich da meinen Mann sagen.

Er steht auf und prostet allen zu. „Ich habe mich schon den ganzen Abend über Ihre nette Runde gefreut", sagt mein Mann. „Ich weiß, dass ich oftmals eine Spaßbremse bin, wie sich meine Frau auszudrücken pflegt. Aber ich habe heute erlebt, wie schnell man doch mitten im Leben vom Stuhl fallen kann, und alles hat sich verändert. Ich hoffe nur, dass der Herr wieder auf die Beine kommt."

In der Zwischenzeit haben die Wirtsleute herausbekommen, dass es ein Herzinfarkt gewesen ist. Durch das schnelle Handeln des anwesenden Arztes wurde Schlimmeres verhütet.

Wir verabschieden uns, die grauen Panther lassen uns ziehen. Die nette Dame, die mir den ganzen Abend zugezwinkert hatte, ist auf einmal ziemlich still. Sie schaut meinen Mann an, dann sagt sie: „Junger Mann, Schweigen ist nicht immer Gold. Ich weiß, wovon ich rede."

Dabei schaut sie liebevoll zu IHREM Gegenüber.

„Danke", sage ich. „Schön, dass wir Sie kennen gelernt haben."

Dabei zwinkere ich ihr zu.

Es ist doch noch eine schöne „Einladung zum Abendessen" geworden.

Der kleine Hüpfer

Hanni erinnert sich noch ganz genau. Es war ein heißer Sommertag im Jahr 1970. Wie so oft fuhren sie in den Nachbarort ins Schwimmbad. Es war immer ein Freudenfest, wenn die Taschen gepackt wurden.

Ihr kleiner Sohn Torben und dessen Freund Mika waren unzertrennlich.

Als sie im Schwimmbad angekommen waren, schauten sie sich nach einem geeigneten Platz um. So nahe wie möglich am Beckenrand, damit Hanni all ihre Aktionen verfolgen konnte.

Die beiden Buben liefen schon voraus. Torben war ein richtiger Lausebengel. Ein fröhliches und unbeschwertes Kind, mit seinen vier Jahren.

Plötzlich sah Hanni ihren kleinen Sohn auf einen Mann zugehen. Das heißt, er sprang und hüpfte mehr, als dass er lief. Er wollte schon an diesem Herrn vorbei hüpfen, überlegte es sich aber und kam langsam zurück. Dann hörte sie ihn „Mama guck mal!" rufen. Erst jetzt bemerkte sie, dass dieser Mann nur ein Bein hatte. Sie dachte: „Wie schlimm …"

„Schau mal, er hat nur ein Bein!", plapperte ihr Sohn ohne Scheu drauflos. Er versuchte auf einem Bein zu hüpfen. Dann hüpfte er von einem aufs andere. Hin und wieder verlor er dabei die Balance und fiel der Länge nach hin. Als er sich aufrappelte, war er ganz nachdenklich.

Er schaute den Mann an und sagte: „Hast du dein Bein verloren? Dann müssen wir es suchen. Is ganz schön schwer, nur auf einem Bein zu stehen oder zu hüpfen, gell?! Wie heißt du?"

„Ich bin der Hans!" Dabei lachte er Torben an und reichte ihm die Hand.

„Mika, kommst du mit?", rief Torben seinem Freund zu. „Wir suchen jetzt dem Hans sein Bein."

„Nöö, Torben, das geht nicht, da können wir lange suchen, das bleibt verschwunden", antwortete Hans.

„Warum?", fragte Torben. „Hast du nur ein Bein?"

Hans ließ ein leises Lachen erklingen. Torben wartete die Antwort erst gar nicht ab. Auf ihn wartete ein tolles Abenteuer, mit seinem Freund Mika im Wasser. Schwuppdiwupp, sprang er hinein ins kühle Nass.

„Danke für dein Angebot, kleiner Mann! Schön war es, dich kennen gelernt zu haben!", rief Hans ihm hinterher. „Viel Glück wünsche ich dir, auf all deinen Wegen." Dann sagte er zu Hanni: „Sie haben da ein aufgewecktes Kerlchen. Es ist eine wunderbare Erfahrung für mich, dass so ein kleiner Knirps ohne Scheu und voller Neugierde mit mir spricht. Manch Erwachsener geht mir aus dem Weg, weil er nicht weiß, wie er sich mir gegenüber verhalten soll. Alles Gute, Ihnen und Ihrem Sohn, für die Zukunft."

Er schaute diesem aufgeweckten kleinen Buben hinterher, ein feines, wehmütiges Lächeln umspielte seine Lippen.

Hanni dachte sich „Mein Gott, wie Recht er doch hat. Ich weiß nicht, wie ich mich verhalten hätte, wenn Torben nicht dabei gewesen wäre."

Fünfunddreißig Jahre später

Hanni ist ganz in Gedanken. Sie muss wieder mal an den damaligen Schwimmbadbesuch denken. An die Begegnung mit Hans.

War dieses Zusammentreffen vorbestimmt gewesen?Auch ihrem Sohn wurde eines Tages der rechte Unterschenkel amputiert.

Sie schreckt aus ihren Gedanken hoch. Torben packt sein Leben an. Selbstmitleid ist ein Wort, das er nicht kennt. Hans hätte seine wahre Freude an ihm. „Viel Glück" hatte er ihm gewünscht.

Ja, das hat er, trotz allem. Wo andere vor Selbstmitleid vergehen, sagt er: „Packen wir es an. Es ist OK. Alles auf dem Weg."

Vita

Herma Meuer, Jahrgang 1941, geboren in Bad Königswart. 1946 ausgesiedelt nach Hessen. Ihre Kindheit und Jugend verbrachte sie in dem kleinen mittelhessischen Örtchen Muschenheim, Kreis Giessen. Seit 1968 wohnhaft in Rosbach v.d.H. Verheiratet, drei Kinder, vier Enkelkinder. Nach 40jähriger Tätigkeit im familieneigenen Handwerksbetrieb ist sie seit Juli 2006 im Ruhestand.

Ihre Lebenssituation ließ ihren Traum erst spät zu, Gedichte, die sie über Jahrzehnte in die hinterste Schublade ablegte, zu veröffentli-

chen. Sie schreibt Kurzgeschichten und wid-
met sich der Aquarellmalerei. Erstes Gedicht
erschienen im Jahr 2005 in einer Anthologie.
Der erste Gedichtband folgte im September
2006.

Ihr Lebensmotto: Leben. Nicht mehr träumen
müssen, sondern Träume leben.